«Si puede conseguir que directores de proyectos con experiencia bajen la guardia por un momento, probablemente admitirán que los primeros proyectos no salieron demasiado bien. Prepárese para un comienzo difícil. Si no tira la toalla en los primeros proyectos, verá que la curva de aprendizaje sube rápidamente.»

Soft Skills

DIRIGIR
UN PROYECTO

24 lecciones para ayudarte
a dominar los proyectos

GARY R. HEERKENS

«Los estudios indican que las causas principales del fracaso de proyectos son problemas interpersonales o de comportamiento. El arte de dirigir proyectos es conseguir realizar un trabajo a través de otras personas.»

La edición original de esta obra ha sido publicada en lengua inglesa por The McGraw-Hill Companies, Inc., Nueva York con el título: *Project Management. 24 Lessons to Help You Master any Project*, 2005.

Todos los derechos reservados

© Profit Editorial, S.L., 2026

Diseño de cubierta: XicArt
Maquetación: www.freiredisseny.com

ISBN: 979-13-87796-07-5
Depósito legal: B 7380-2025
Primera edición: Enero de 2026

Impresión: Gráficas Rey
Impreso en España / *Printed in Spain*

Índice

«Aunque no se trate en
los manuales de dirección de
proyectos, la realidad es que la
predisposición mental puede
ser tan importante para usted
como el conocimiento y
las habilidades necesarias para
concluir un proyecto con éxito.
Para estar bien preparado
mentalmente, es necesario
comprender con detalle todos
los aspectos que abarca
la dirección de proyectos.»

ICONOS USADOS EN ESTE LIBRO

 Listas. Con la información sintetizada y ordenada.

 Sugerencias, ideas ... Al final de cada capítulo se proponen tres.

 Este icono señala en el texto un ejercicio o práctica.

 Soluciones o estrategias casi mágicas.

 Herramientas para mejorar sus habilidades.

 Resumen de un determinado proceso para memorizarlo.

La ciencia y el arte de la dirección de proyectos

La dirección de proyectos representa para usted un gran potencial de crecimiento. En primer lugar, produce un cambio positivo que le ayuda en su carrera profesional y también a su empresa. Es una oportunidad de promoción decisiva que, además, le proporciona una sensación de logro y amplía la variedad de sus tareas diarias, que parecen un bucle sin fin. Gozará de libertad para probar nuevas ideas y aceptar nuevas tareas que supongan un reto para reforzar sus capacidades.

Como contrapartida, la dirección de proyectos plantea algunos desafíos a los que tendrá que enfrentarse. Para superarlos con éxito, es necesario tiene que actuar con inteligencia, tolerar más incertidumbres que en otras áreas de trabajo y gestionar las frustraciones, especialmente si su cargo de directores de proyecto tiene responsabilidad pero no autoridad. Los riesgos son importantes, puesto que si un proyecto fracasa, las consecuencias son más importantes que si una tarea menos visible no sale bien.

La dirección de proyectos es una **ciencia** y un **arte**.

La parte científica consiste en aprender a definir, coordinar y documentar el trabajo. Para ello tiene que acostumbrarse a trabajar con presupuestos, estimaciones de tiempo y asignaciones de los recursos necesarios. Aprenderá a buscar el motivo oculto, no la solución superficial que otros le indiquen. Se familiarizará con las herramientas de la planificación de proyectos como los diagramas de Gantt, los gráficos de red, los planes de control y los análisis económicos..

La parte artística es el desarrollo del criterio propio y el liderazgo de un equipo humano. Para ello, debe aprender a prestar atención a los detalles pero manteniendo cierta distancia. Deberá estar preparado para tomar infinidad de decisiones con información insuficiente y a pesar de que existan indicios de conflicto, y acostumbrarse a que las condiciones sean *aceptables* y no sean soluciones *perfectas*. La mayoría de directores de proyecto trabajan en empresas complejas con personas procedentes de diferentes departamentos, lo que crea unos retos especiales de dirección. Como director de proyecto, deberá explotar sus habilidades para crear una buena relación laboral entre diferentes personas de la misma empresa (o tal vez externas).

 Este libro le proporciona los conocimientos esenciales del arte y la ciencia de la dirección de proyectos. Con estas técnicas podrá definir las necesidades reales, crear un equipo sólido y realizar análisis financieros. Le enseñará a encontrar el equilibrio entre las posiciones extremas de "dirigirlo todo o no dirigir nada" y "hacerlo todo usted solo o dejar que el equipo se encargue de todo". En este pequeño libro encontrará todo lo que necesita para convertirse en un director de proyectos con resultados excepcionales.

—

01

Comprender la función del director de proyectos

«Evite el error de pensar que al designarle 'director' de un proyecto, debe distanciarse de sus compañeros y olvidarse de sus amistades. Las habilidades interpersonales y sociales son esenciales para el éxito del proyecto.»

A grandes rasgos, dirigir un proyecto es como dirigir un departamento: debe coordinar los esfuerzos de varias personas, cada una con sus experiencias y habilidades particulares, para obtener el mejor resultado. Pero si lo analiza en detalle, dirigir un proyecto es muy diferente. En primer lugar, es posible que las personas a quienes dirige no se conozcan entre ellas. En segundo lugar, porque cada proyecto es único por definición, nunca antes se ha llevado a cabo, y por ello el resultado final y el proceso de producción no pueden detallarse con antelación. Si pudiera hacerlo, cerraría la puerta al nuevo aprendizaje y a las oportunidades. En tercer lugar, a diferencia del director de departamento, es posible que el director de proyectos no tenga autoridad directa ni control sobre los miembros del equipo.

En resumen, puede encontrarse trabajando en una posición carente de autoridad formal, con personas que nunca han trabajado juntas antes y ante un elevado grado de incertidumbre con la obligación, como muchos otros directores, de alcanzar los objetivos de la empresa. Tiene dos posibilidades: perder el tiempo actuando sin rumbo fijo en cada proyecto o comprender las habilidades esenciales de la dirección de proyectos para que su equipo sea rápidamente productivo.

En cierto modo, el éxito del proyecto dependerá de características personaes como la sinceridad, la tolerancia a la ambigüedad y la actitud receptiva. Otras habilidades importantes para que el proyecto se desarrolle sin sorpresas son prestar atención constante a la comunicación (todas las partes implicadas en el proyecto –usted, los patrocinadores del proyecto y de los miembros del equipo– deben conocer sus límites y expectativas), documentar el proceso del proyecto (tareas, responsabilidades y relaciones) y comprender las necesidades del cliente y de la empresa.

Le damos tres consejos para mejorar su capacidad para dirigir un proyecto con eficacia:

→ **Desarrolle las habilidades de dirección de procesos:** aprenda las herramientas necesarias para coordinar el trabajo de un equipo humano y acostúmbrese a hablar con otros directores de las expectativas, los costes, las previsiones y los recursos del proyecto.

→ **Mejore sus habilidades interpersonales:** la dirección de proyectos se basa en conseguir hacer un trabajo a través de otras personas. Trabaje las habilidades escritas y orales, aprenda a negociar y a influir, y conviértase en el formador y mentor de los miembros de su equipo.

→ **Cree una red de ayuda:** es muy probable que su proyecto incluya aspectos que no pertenezcan a su área de conocimiento. Le será útil conocer con detalle la organización de su empresa y el trabajo que realiza cada departamento para poder solicitar ayuda a personas más adecuadas (departamento técnico, finanzas, TI o marketing.

Recuerde el éxito del proyecto dependerá en gran parte de sus características personales. Realice ahora un trabajo de introspección honesto y enumere sus puntos fuertes y, en la siguiente página, los débiles.

PUNTOS FUERTES

_____

_____

_____

_____

_____

_____

_____

_____

_____

_____

_____

_____

_____

_____

_____

PUNTOS DÉBILES Y CÓMO MEJORARLOS

_____

_____

_____

_____

_____

_____

_____

_____

_____

_____

_____

_____

_____

_____

_____

_____

_____

_____

02

Crear un equipo sólido

«No es recomendable que
defina y planifique el trabajo del
proyecto usted solo y se limite
a entregarlo al equipo. Tendrán
la sensación de que no
participan en el proyecto, solo
lo ejecutan, y los resultados lo
acusarán.»

La presión que experimentan los directores de proyectos para obtener resultados es tan elevada que pueden caer en la tentación de querer encargarse ellos mismos de todo el trabajo del proyecto, especialmente si los miembros del equipo están diseminados. Aprenda a evitar esta reacción, en primer lugar porque usted no puede ni tiene por qué saberlo todo. Un proyecto es un trabajo en equipo porque la empresa cree que varias personas pueden unirse para lograr un resultado mejor o resolver un problema sumando las perspectivas de cada individuo. En segundo lugar, los miembros de un equipo dan por sentado que son imprescindibles por algún motivo, ya sea su conocimiento, su experiencia o sus habilidades, y necesarios para el éxito del proyecto. Si no les ofrece la oportunidad de participar, se sentirán decepcionados.

Una de las tareas más difíciles a las que se enfrenta un director de proyectos es encontrar el equilibrio entre dejar que los miembros mejoren sus capacidades y actuar en el momento adecuado para evitar retrasos o decisiones equivocadas. Si quiere empezar con buen pie, deje que su equipo se sienta responsable del proyecto, que participe en la definición y la preparación del proyecto (coméntelo con el patrocinador, claro está).

A lo largo de todo el proyecto, comparta el máximo de decisiones posible. Una buena idea es que el equipo decida la planificación de las reuniones. Distribuya responsabilidades para las reuniones y haga que estos cargos vayan rotando, cree reglas básicas para la participación y asigne responsabilidades en el proyecto. Deje que el equipo decida el método de cada decisión, si es mejor tomar una decisión por consenso o dejarla en manos de una persona con más experiencia. Su función es asegurarse de que no falta nada y orientarles siempre que lo necesiten.

Motivar a su equipo no es difícil si:

→ **Demuestra que las personas le importan:** explique a los miembros del equipo sus responsabilidades y por qué es necesaria su participación para que el proyecto culmine con éxito. Agradezca en público las participaciones que no sean visibles.

→ **Confíe en su equipo:** evite la tentación de hacerlo todo usted mismo. Si distribuye responsabilidades, les otorgará confianza para tener iniciativa. Defina objetivos concretos y comparta el máximo de decisiones posible.

→ **Reconozca los buenos resultados:** acostumbre al equipo a entregar buenos resultados. En las reuniones y en toda la documentación del equipo (notas o resúmenes) dé los nombres de las personas que han contribuido a cada logro. Comente los buenos resultados con el patrocinador o con su superior.

03
——

Comprender
la necesidad real

«No puede estar seguro de
que soluciona la necesidad real
si no la identifica.»

Al principio de cualquier proyecto, es habitual imaginarse el resultado perfecto, pero cuando la realidad entra en juego, surgen problemas imprevistos y, al mismo tiempo, se plantean oportunidades nuevas. Cuando la realidad demuestra que la necesidad del cliente es diferente de lo que había previsto, usted puede elegir entre seguir con el plan original o modificarlo en función de su experiencia. Las empresas que finalizan proyectos con éxito apuestan por la segunda opción, están convencidas de que mostrar la necesi*dad real* −el prob.ema más básico− del cliente y solucionarlo acarrea mayores beneficios a largo plazo.

Identificar la necesidad real no es fácil, básicamente porque la mayoría de proyectos se definen como la *solución* en lugar de la *necesidad que se quiere cubrir*. Por ejemplo, el proyecto "instalar una nueva línea de producción" se basa en una solución. Si se definiera como la necesidad real, el proyecto sería "responder a los requisitos de entrega del cliente". Los directores de proyecto efectivos ahondan en el proyecto para encontrar la necesidad real y, a partir de ahí, buscar alternativas con las que responder a la necesidad de forma más rápida, económica y eficiente que con la solución original. ¿Qué empresa no quedaría satisfecha si un equipo pudiera duplicar su capacidad de entrega *sin* instalar una nueva línea de producción?

Cuando se le presente un proyecto *basado en una solución*, utilice la sencilla pregunta "¿por qué?" para encontrar la necesidad real. Plantee a varias personas preguntas como: "¿Por qué se ha descrito así el proyecto?", "¿Por qué existe este problema?", o "¿Por qué no se cumplen los objetivos?".

Le advertimos de que cuestionar un proyecto es arriesgado, sobre todo en empresas que no son eficientes y no se han planteado estas preguntas antes. El patrocinador del equipo puede tener la sensación de que cuestiona sus opiniones o de que no quiere empezar el trabajo y lo está postergando.

Para encontrar la necesidad real sin correr estos riesgos:

→ **Documente el problema o la oportunidad:** describa la diferencia entre los resultados actuales y los resultados que busca. Haga una lista de los resultados de esta diferencia, incluyendo el efecto en las personas tanto internas como externas de la empresa. Describa los riesgos de ignorar esta diferencia y las ventajas de solucionarla.

→ **Comparta la documentación:** utilice estos documentos para comentar su opinión con el patrocinador del proyecto. Preséntela como su interpretación de la situación actual y pida consejos o aclaraciones.

→ **Obtenga la aprobación para solucionar la necesidad real:** antes de adaptar el proyecto, obtenga la autorización de su superior, pues si sigue adelante sin su aprobación, más tarde podría reclamarle que no ha cumplido los objetivos del proyecto original.

Indague en su memoria y rescate proyectos antiguos. Vuelva a analizarlos y reflexione sobre la distancia que pudo haber entre la solución requerida y la necesidad real que se ocultaba detrás. Recuerde: hágase la pregunta "¿por qué? Y tenga en cuenta que este tipo de ejercicios le van a ayudar a mantenerse siempre alerta.

- Título del proyecto

_____

_____

_____

_____

_____

_____

_____

- Título del proyecto

_____

_____

_____

_____

_____

_____

_____

- **Título del proyecto**

_____

_____

_____

_____

_____

_____

- **Título del proyecto**

_____

_____

_____

_____

_____

_____

04

—

Realizar un análisis económico

«Aunque el análisis financiero completo no sea su responsabilidad directa, como director de proyectos debe entender su funcionamiento y toda su terminología.»

Ninguna empresa del mundo puede permitirse perder dinero en proyectos que no son rentables. La función de los directores de proyectos es, cada vez más, realizar el seguimiento económico de la inversión y los beneficios del sus proyectos.

El análisis económico se basa en cuatro conceptos básicos: el valor neto actual, la tasa interna de rentabilidad, el periodo de amortización y el diferencial de caja. El valor neto actual responde a la pregunta: "¿Cuánto dinero aportará o ahorrará este proyecto?". La respuesta es una estimación del valor actual del flujo de caja actual y futuro del proyecto o, dicho de otro modo: "¿Cuánto valen hoy los resultados a largo plazo del proyecto?". La tasa interna de rentabilidad calcula el periodo de recuperación de la inversión. El periodo de amortización estima el tiempo necesario hasta el umbral de rentabilidad. El diferencial de caja (también conocido como exposición máxima) es el cálculo de la máxima inversión en cualquier punto del proyecto.

Todos estos conceptos forman parte de un análisis económico completo.

Las estimaciones que se realizan antes del proyecto son esenciales para que las máximas instancias decidan en qué proyectos invertirán y cómo afectarán estos a la situación económica de la empresa tanto a corto como a largo plazo. La valoración solo será válida si el análisis incluye todos los aspectos en que el proyecto afectará a los ingresos, el crecimiento y los gastos. Las cifras deben actualizarse durante el proyecto y una vez concluido este, pues su conocimiento de los objetivos financieros es cada vez más detallado.

Como director de proyecto, debe contribuir al análisis financiero:

→ **Estime las entradas de caja:** piense en todos los modos en que su proyecto puede ayudar a rentabilizar la inversión de la empresa o a aumentar el ahorro: por ejemplo, más ingresos si realiza más ventas, mayor margen si los costes operativos son inferiores, ahorro de material o reducción de residuos.

→ **Estime las salidas de caja:** identifique todos los gastos directamente relacionados con el proyecto, como los sueldos, el material, el equipo, la tecnología, los asesores externos, etc. Tenga presente que hay gastos que pueden aumentar como los costes operativos.

→ **Cree una tabla de flujos de caja:** resuma las entradas y salidas anuales (o trimestrales, según su sector). Trabaje con expertos financieros de la empresa para identificar el valor actualizado si los resultados de su proyecto se obtienen a lo largo de varios años, para calcular la inflación.

Acabamos de ver que el análisis económico se basa en cuatro conceptos básicos: el valor neto actual, la tasa interna de rentabilidad, el periodo de amortización y el diferencial de caja. Describa con sus propias palabras estos conceptos. Recuerde que como director de proyectos una parte importante de su tarea es la comunicación eficaz. Encontrar sus propias palabras le pueden ayudar en ese desempeño.

El valor neto actual

_____

_____

_____

_____

_____

_____

La tasa interna de rentabilidad

_____

_____

_____

_____

_____

_____

_____

El periodo de amortización

....

_____

_____

_____

_____

_____

_____

El diferencial de caja

....

_____

_____

_____

_____

_____

_____

05

Inaugurar oficialmente

«Una inauguración puede dar
energía al equipo... y favorecer
rápidamente la cohesión.»

En el acelerado mundo en que vivimos, hay una tendencia a la inmediatez que nos lleva a querer "empezar ya" y desestimar la importancia de las ceremonias. Esta actitud no juega a favor del éxito del proyecto. En cambio, dedicar un tiempo a planificar la inauguración oficial con todos los miembros del equipo, el patrocinador y los directores puede ayudar en muchos sentidos.

En primer lugar, hace visible ante toda la empresa que la dirección respalda el proyecto y, por coherencia, los demás también lo respaldarán. En segundo lugar, ofrece la oportunidad al equipo de revisar (o desarrollar) la carta del proyecto con la misma idea como objetivo, así se forman los equipos efectivos. En tercer lugar, es el momento para interactuar con la dirección y crear una relación que pueda ser útil más adelante. En cuarto lugar, los miembros del equipo pueden decidir cómo llevar a cabo el proyecto. Y, por último, es el entorno ideal para que los miembros del equipo se conozcan en un ambiente relajado, sin la presión del trabajo.

En resumen, una buena inauguración garantiza que el proyecto empieza con buen pie y todos reman en la misma dirección. Una de las principales causas del fracaso de los proyectos es no haber comprendido las expectativas de la dirección. Si ofrece a los miembros del equipo la oportunidad de crear relaciones entre ellos y con la dirección, el resultado será especialmente valioso cuando el equipo pase por dificultades (cosa que les sucede a todos los equipos).

Para celebrar una buena inauguración:

→ **Invite a todas las partes implicadas:** como mínimo, deben estar presentes todos los miembros del equipo y los directores a quien presentarán los resultados. En función del proyecto, puede invitar a otras personas de otros departamentos que se verán afectados por el proyecto (para concretar sus expectativas) y a clientes representativos de las necesidades a las que responderá el proyecto.

→ **Planifique las presentaciones:** es cierto que podría limitarse a explicar a su equipo los requisitos de la dirección. Pero si los directores presentan el proyecto, enfatizarán su necesidad, su importancia y su compromiso con el proyecto.

→ **Use el tiempo de manera eficaz:** esta primera reunión marca el inicio de una temporada de reuniones de equipo. Utilice las herramientas de la reunión (orden del día, pizarra o métodos de discusión) para aprovechar bien el tiempo.

06

Adaptarse a la realidad constantemente

«Si el resultado de un estudio
de viabilidad bien diseñado
y ejecutado indica que el
proyecto debe seguir adelante,
puede empezar las fases de
planificación e implementación
con toda confianza. Si los
resultados no se lo indican...
utilice los datos para rediseñar
el proyecto y
repita el estudio de viabilidad
hasta que encuentre
un concepto que funcione.»

Amedida que el proyecto toma forma, es fácil caer en la satisfacción de pensar que ya se han tomado cartas en el asunto y se solucionará un problema que ha estado causando preocupaciones durante semanas, meses o incluso años. La primera interpretación pretende solucionar el problema directamente.

No obstante, los directores de proyecto con experiencia comprueban primero la realidad con estas dos preguntas: "¿Vale la pena resolver el problema?" y "¿Tiene una solución viable?". Al principio es imposible obtener respuestas definitivas, pero si le dedica el esfuerzo suficiente puede evitar que su empresa pierda el tiempo en proyectos que no le interesan al cliente o que no tienen una solución viable, o incluso que tengan soluciones demasiado caras como para llevarlas a cabo.

Es importante mantener esta actitud crítica a lo largo de todo el proyecto, y que de vez en cuando se detenga a comprobar la realidad. La frecuencia dependerá de la naturaleza del proyecto. La curva de aprendizaje de su equipo ascenderá de manera vertiginosa si usted descubre nueva información sobre el proyecto, como el tipo de trabajo necesario, las necesidades del cliente o las condiciones cambiantes del mercado. En estos casos, deberá reunirse con la dirección para analizar qué cambios suponen para el proyecto.

Además de estas dos preguntas, para saber si debe modificar la carta del proyecto, realice estas tres comprobaciones:

→ **Compruebe la realidad cuando la definición del problema sea clara:** esta comprobación debe hacerla cuando el equipo detalle los retos, las oportunidades, los costes y las ventajas del proyecto. Presente los datos a la dirección para obtener su aprobación para seguir adelante con el plan original o modificar los objetivos del proyecto.

→ **Compruebe la realidad después de identificar una solución específica:** esta comprobación se basa en la viabilidad. ¿La solución es viable? ¿Factible? ¿Es práctica en el tiempo previsto? Utilice estudios de mercado, pruebas piloto, prototipos y simulaciones para responder a estas cuestiones.

→ **Compruebe la realidad antes de poner en práctica la solución:** en este punto, debería tener un análisis detallado de los costes de la implementación y del riesgo de no poner en práctica la solución. Presente esta información a la dirección para que la revise y acuerde un calendario para reducir al mínimo los riesgos.

07

Finalizar los proyectos que no son rentables

«Los proyectos son inversiones
de su empresa de las que
espera una rentabilidad.
Las inversiones no siempre
salen bien. En ocasiones es
mejor terminar un proyecto,
pero en muchas otras no lo es.»

El objetivo fundamental de un proyecto es lograr los resultados previstos: es decir, lograr cierta rentabilidad de la inversión. En muchas empresas, se aprueban proyectos con la única información de la amortización prevista. En estos casos, los proyectos que no son rentables pueden continuar hasta el final.

Es un enfoque temerario, pues son demasiadas las variables que entran en juego durante un proyecto y pueden afectar al resultado. Por ejemplo, si el equipo identifica que lograr el beneficio previsto requerirá el doble de tiempo o el doble de inversión, o que la solución solo afectará a una parte del segmento de clientes, o si las necesidades del cliente varían, o si surge una oportunidad más interesante.

En cualquiera de estos casos, lo más sensato sería que la empresa finalizara el proyecto para revisarlo y poder llevarlo a cabo más adelante. La revisión implica una evaluación completa: valorar todas las inversiones (tiempo, dinero, personal, equipo o material) y todas las ventajas (satisfacción del cliente, penetración en nuevos segmentos del mercado, aumento de ingresos, reducción de costes o reducción de residuos). Esta valoración debería hacerse en cada fase importante del proyecto: después del análisis inicial, después de reunir todos los datos, después de identificar las soluciones y antes de implementar la solución.

Para maximizar la rentabilidad de su empresa en la inversión del proyecto:;'

→ **Preste atención a los cambios importantes:** es un error pensar que las estimaciones iniciales del proyecto se mantendrán sin cambios hasta el final. La situación cambia, a veces demasiado rápido, y es muy probable que modifiquen su valoración inicial del proyecto. Evalúe periódicamente la viabilidad económica del proyecto.

→ **Evite la palabra "fracaso":** en muchas empresas, finalizar antes de plazo un proyecto se considera un fracaso. Más bien es al contrario: detener un proyecto a tiempo muestra capacidad de reacción ante los cambios y permite reasignar los recursos a esfuerzos prioritarios.

→ **No deje paso a la inercia:** todos los proyectos generan cierta inercia. Los miembros del equipo y los patrocinadores se acostumbran al trabajo. Si suma su actitud con la inversión económica realizada, tiene las condiciones ideales para continuar proyectos que debería finalizar.

08

—

Desarrollar un plan lógico

■■■■■■■■■■■■■■■■■■■■■■■■■■■■

«El principal resultado de esta
fase de planificación
es un programa de control.
Este documento con todas las
actividades y las fechas
exactas servirá de hoja de ruta
para el equipo y de guía de
comprobación para que usted
pueda garantizar que el trabajo
se acaba a tiempo.»

■■■■■■■■■■■■■■■■■■■■■■■■■■■■

Algunos directores de proyecto evitan una de sus principales responsabilidades: dirigir activamente el trabajo del proyecto. La actitud proactiva es decisiva para realizar el seguimiento del proyecto y lograr los resultados a tiempo y dentro del presupuesto.

La clave de una dirección activa es tener un plan que detalle todos los pasos previstos. Es esencial desarrollar un buen plan que pueda ser una herramienta de comunicación y también una herramienta de aprendizaje, pues si no tiene anotadas las responsabilidades de cada miembro o las fechas de entrega parciales es fácil olvidar algún compromiso. Con un plan escrito sabrá exactamente qué recursos necesita en cada momento. Los miembros del equipo organizarán su trabajo mejor porque conocerán exactamente sus responsabilidades. Además, podrá comparar el plan con la realidad para ajustarlo y aprender en el futuro a desarrollar planes más realistas.

En los proyectos cortos con pocas personas, el plan escrito puede ser fácil. Tal vez sea suficiente con un diagrama de Gantt que resuma las principales actividades en un calendario y los nombres de las personas implicadas o responsables de cada acción. Los proyectos más grandes requerirán herramientas de planificación más sofisticadas. Utilice un programa informático que pueda actualizar inmediatamente a medida que vaya completando las tareas, cambien los recursos o encuentre nueva información que modifique el plan.

Para que el plan del proyecto sea más útil:

→ **Empiece con un gráfico de red:** identifique las tareas del proyecto y relaciónelas entre ellas, no solo en una secuencia (primero, segundo y así sucesivamente) sino también por progresión lógica (las tareas que no puede empezar hasta que la anterior esté acabada).

→ **Desarrolle un plan de control del proyecto:** estime la duración de todas las tareas del gráfico de red. Después de valorar el orden de todas las tareas, traslade los resultados a un calendario con fechas específicas de inicio y fin de cada actividad. Es el programa de control del proyecto.

→ **Identifique las fases cruciales:** si es posible, utilice un software de planificación de proyectos para identificar los conjuntos de tareas que sean menos flexibles, las que debe cumplir en las fechas programadas para finalizar el proyecto a tiempo.

09

Dejar margen para aprender

«El detalle de sus documentos
debe reflejar su conocimiento
y seguridad.»

Hay una diferencia fundamental entre la seguridad que desean todos los directores y la incertidumbre inherente a todos los proyectos. Por una parte, los directores quieren tomar decisiones correctas para invertir sus valiosos recursos. Por otra parte, el motivo de iniciar un proyecto es resolver un problema o responder a una necesidad que hasta ahora nunca se había resuelto.

¿Cómo es posible estar seguro sin comprometerse a objetivos, metas o presupuestos. que tal vez no sean factibles cuando tenga más información? Soportar esta incertidumbre es uno de los puntos más difíciles de un proyecto.

Una estrategia para aprender a vivir con esta presión es dividir el trabajo por fases. Cada fase del proyecto tiene una planificación y unas estimaciones, y la incertidumbre va aumentando de una fase a otra.

Al principio del proyecto, puede estar razonablemente seguro de la inversión (de tiempo y recursos económicos) necesaria para reunir al equipo, celebrar las primeras reuniones y realizar la exploración inicial. Como desconoce el resultado de la exploración, ya no estará tan seguro de los recursos necesarios para desarrollar las soluciones ni de la inversión necesaria para llevarlas a cabo. Sin embargo, cuando finalice la exploración inicial, ya dispondrá de más información para pensar en los tipos de soluciones que debe investigar y los recursos necesarios.

Para superar la incertidumbre inicial sin dar muestras de falta de control: .

→ **Ajuste el plan al nivel de incertidumbre:** prepare los primeros borradores y el primer calendario sin demasiados detalles. Divida el calendario y el presupuesto en varias fases, igual que los gráficos.

Evite planes o gráficos que supongan más conocimiento del que tiene actualmente.

→ **Deje margen para aprender:** cuanto menos seguro
esté de las estimaciones, mayor margen tendrá.
Así, a medida que obtenga información concreta,
podrá planificar el proyecto con más precisión y
ajustar las estimaciones.

→ **Programe reuniones para "aprobar cada fase":** reúnase con sus superiores para que revisen el proyecto. Asegúrese de que cada reunión concreta la
siguiente fase. Es decir, aprobar la primera puede
significar: "Investigue esta cuestión y vuelva para
informarnos", y aprobar la segunda fase: "Trabaje
estas soluciones y vuelva para informarnos".

10

___

Comprender la dinámica del equipo

«Construir un equipo unido no
es un juego. El sentimiento de
equipo aumenta cuando todos
los miembros comparten su
conocimiento sobre los demás
y el proyecto al mismo tiempo.»

Los equipos empiezan siendo una suma de individuos donde cada uno se pregunta "¿Qué tengo que hacer *yo*?" o "¿Qué esperan de *mí*?". Con el tiempo, los individuos empiezan a identificarse como grupo y la pregunta cambia a "¿Cómo *haremos* este trabajo?".

El director de proyecto tiene la responsabilidad de ayudar a los miembros del equipo a realizar esta transición de individuo a grupo. No puede ignorar ninguna parte de la ecuación: Explique con detalle las expectativas individuales a todos los miembros para darles confianza y abrir la posibilidad de que empiecen a pensar como un equipo. Además de actuar como un grupo, se sentirán cómodos para expresar sus ideas y opiniones individuales.

Los mejores equipos son lo que encuentran el equilibrio entre las habilidades y capacidades individuales y el trabajo de equipo, una tarea que no siempre es fácil. No puede dejar que las individualidades impidan el progreso del equipo, pero tampoco quiere un equipo de robots carentes de criterio propio. Para desarrollar el sentimiento de equipo deberá utilizar todas sus habilidades de líder y facilitador.

No pierda el tiempo con actividades para fomentar el espíritu de grupo que no tengan nada que ver con el trabajo. Mejor que eso, empiece enseguida con las reuniones de grupo para generar valor compartido: por ejemplo, puede ser una sesión de *tormenta de ideas* sobre los clientes y sus necesidades, o un ejercicio de observación de un proceso.

Para reforzar los vínculos del grupo y fomentar el espíritu de equipo:

→ **Asigne las responsabilidades en una reunión de equipo:** en una de las primeras reuniones, revise los objetivos del proyecto y explique los beneficios para la empresa, los clientes y las áreas de trabajo de cada participante. Es el momento de asignar las responsabilidades de cada miembro del equipo.

→ **Reúnase con cada persona individualmente:** explique a cada miembro por qué forma parte del equipo y cuáles son sus expectativas. Aproveche la ocasión para comentar los posibles problemas y limitaciones en su responsabilidad.

→ **Destaque las diferencias individuales:** para que un equipo funcione bien no hay que eliminar los desacuerdos ni las diferencias de opinión. De hecho, es importante destacarlas para que todos puedan expresar libremente sus opiniones y sentirse cómodos en el equipo.

11

Desarrollar un plan de configuración

«Es cierto que requiere mucho esfuerzo; pero, si la planifica bien, la documentación trabajará a su favor y no tendrá que enfrentarse a ella.»

Algunos afortunados directores de proyectos trabajan en empresas con protocolos bien definidos para realizar proyectos, pero en la mayoría de empresas, la documentación, si la hay, es mínima y la falta de procedimiento es habitual.

Tanto si trabaja en empresas bien preparadas como si tiene que empezar de cero, debe preparar las directrices básicas de cualquier proyecto que dirija. Este documento se conoce como plan de configuración, es decir, una descripción de todos los elementos que forman parte del proyecto.

Los elementos básicos del plan de configuración son sus expectativas: una descripción de las personas que participarán en la planificación, el programa, los métodos para preparar las estimaciones de costes, tiempo y recursos, una lista de los documentos de planificación y sus objetivos, una descripción del seguimiento del proceso y el calendario del seguimiento. Incluya también el plan de comunicación, que detalla todas las personas a quienes quiere mantener informadas y el método de contacto que utilizará.

Una de las principales diferencias entre los directores de proyecto eficaces y los que no logran buenos resultados es la preparación de la documentación y la comunicación desde el principio del proyecto.

Puede crear mucha documentación, pero no se exceda.

Limítese a los documentos necesarios y que añadan valor. Es muy difícil preparar bien la documentación, sobre todo la comunicación, si no tiene mucha experiencia. Compruebe si la empresa dispone de protocolos ya redactados y compártalos con su equipo.

Para redactar el plan de configuración, divida el trabajo en tres partes:

→ **Planifique el enfoque:** si la empresa dispone de documentos similares, utilice el mismo enfoque. Si no, ¿cuál es el mejor enfoque para la empresa? ¿Cómo puede definir el alcance del plan? Estime el esfuerzo, la duración y los costes. ¿Qué métodos emplea habitualmente la empresa?

→ **Planifique la ejecución y el control:** ¿Cómo medirá y comprobará los progresos? ¿Cuándo hay que enviar informes? ¿Qué aprobaciones necesita? ¿Qué normas quiere establecer para las reuniones y la colaboración del equipo?

→ **Planifique las necesidades de comunicación y de recursos humanos:** ¿Cuál es el mejor método para documentar las responsabilidades y funciones de cada miembro? ¿Qué métodos de comunicación utilizarán para crear expectativas con la dirección, el equipo y usted? ¿Qué proceso utilizará para asegurar que los miembros del equipo tienen tiempo suficiente para el proyecto? ¿Cómo puede ajustarlo?

12

Dirigir con todas las partes implicadas

«Utilizar la posición de autoridad a menudo no es adecuado, ya que puede despertar resentimiento. Las personas responden mejor si desarrolla su experiencia y la capacidad de lograr su ayuda gracias a un mayor conocimiento o habilidad.»

Un director de proyectos debe reconocer que su proyecto forma parte de un contexto con múltiples implicaciones. El proyecto no existe en el vacío. Todas las personas que participan en el proyecto, tanto usted como los miembros de su equipo, también tienen vínculos con el resto de la empresa. Si el proyecto tiene éxito, sus resultados pasarán a formar parte de la vida diaria de la empresa durante mucho tiempo.

Aceptar y trabajar estas implicaciones tendrá un profundo efecto en su proyecto, le ayudará a soportar la presión durante el trabajo y mejorará su satisfacción con los resultados mucho tiempo después. Desde un punto de vista práctico, las *partes implicadas* con quienes debe tratar son las *personas*.

¿Cómo se definen las partes implicadas? Son las personas que se verán afectadas por el éxito (o fracaso) del proyecto. Pueden ser personas que controlen los recursos (económicos, humanos, equipos o tiempo) que usted necesita para llevar a cabo del proyecto, o personas a quienes afecte el resultado del proyecto, utilicen sus resultados o presenten los resultados a otros departamentos de su empresa. Si trabaja bien con todas las partes implicadas, el proyecto avanzará con facilidad. Si les hace caso omiso, el fracaso está prácticamente asegurado.

Mejore las probabilidades de éxito del proyecto dirigiendo activamente las relaciones con todas las partes implicadas:

→ **Conozca a todas las partes implicadas:** identifique a todas las personas o grupos que pueden afectar al proyecto o a quienes su proyecto puede afectar. Piense también en personas externas a la empresa.

Reúnase con todas las partes de manera individual (si es posible) para conocer sus expectativas y sus prioridades.

→ **Comprenda su posición de poder e influencia:** como director de proyecto tiene una autoridad, ya sea formal (por su posición) o informal (implícita), sobre las partes implicadas. Puede controlar a algunas partes e influir en otras.

→ **Desarrolle estrategias para relacionarse con cada parte:** no todas las partes son iguales. Combine el conocimiento y la autoridad de las partes implicadas con sus propias necesidades y su capacidad para desarrollar las estrategias de comunicación adecuadas para relacionarse con cada parte implicada.

 Describa ahora con sus propias palabras todos aquellos elementos básicos del plan de configuración:

• Descripción de las personas que participarán

_____

_____

_____

_____

_____

_____

_____

—

- El programa

- Métodos para preparar las estimaciones de costes, tiempo y recursos

- Lista de los documentos de planificación y sus objetivos

- Descripción del seguimiento del proceso y su calendario

_____

_____

_____

_____

_____

_____

_____

- Plan de comunicación (personas informadas y método de contacto)

_____

_____

_____

_____

_____

_____

_____

-

_____

_____

_____

_____

_____

_____

_____

13

Ajustar la referencia

«Recoger la información no es suficiente. La información debe ser precisa, creíble y estar en el formato adecuado y en el momento adecuado.»

Si no sabe donde se encuentra, no se marque ningún objetivo ni se cree ninguna expectativa de futuro, el lugar donde está puede ser su destino. Por desgracia, el mundo empresarial no funciona así. Los proyectos tienen unos objetivos concretos, y no puede demostrar que los lleva a cabo si no deja pruebas claras del inicio y del fin del proyecto.

Estas pruebas son la documentación de todo el proyecto, los programas, costes y los resultados previstos, como el diseño o el rendimiento, las especificaciones de calidad, el precio, la velocidad o las características. Para demostrar el progreso del proyecto, debe dejar constancia de la realidad: las acciones realizadas, información detallada del inicio y el fin de cada acción, costes y resultados del rendimiento.

El último paso es comparar la realidad con la planificación. Lo más habitual es que las estimaciones no coincidan con la realidad. Debe distinguir entre problemas de *rendimiento* y errores de *estimación*. Por ejemplo, si el rendimiento es inferior al previsto, ello puede deberse a que las estimaciones no fueran realistas o a que las soluciones que eligió no eran las adecuadas. Como es evidente, decidir la solución correcta depende del motivo subyacente de la diferencia. Lo mismo sucede si supera las expectativas. ¿Eran demasiado conservadoras sus estimaciones? ¿Está midiendo bien el rendimiento final?

El director de proyecto debe orientar al equipo a desarrollar métodos para analizar la información del proyecto:

→ **Determine la información esencial:** es fácil abrumarse con la información. Concéntrese en la información que sea más útil para tomar decisiones sobre el calendario, el objetivo y el progreso del proyecto.

→ **Identifique el origen de la información:** si un proyecto no se ajusta a la programación, ¿quién será la primera persona que lo sepa? Si los clientes no están satisfechos, ¿a quién se lo comunicarán? ¿Llegará la información a usted o tiene que salir a buscarla?

→ **Decida la recogida de información:** cuando sepa la información que necesita y el punto donde se origina, decida quién la recogerá y cómo lo hará. Piense en facilitar la recogida de información con copias en el disco duro o en la web.

14

Considerar las amenazas de forma realista

«Si intenta dirigir un proyecto
sin asumir los riesgos y la
incertidumbre [...]
continuamente aparecerán
cuestiones que le llevarán por
caminos imprevistos. »

Los riesgos y la incertidumbre son inevitables en todo proyecto. Es cierto que los directores de proyectos eficaces deben transmitir optimismo al equipo y una actitud positiva para lograr los objetivos, pero eso no significa que tengan que desdeñar o negar las amenazas.

Todos los proyectos se enfrentan a múltiples riesgos y usted, como director de proyectos, debe evaluar las amenazas de su proyecto, ya sean riesgos pequeños (superar el presupuesto en 100 dólares) o riesgos más importantes (tardar seis meses más de lo previsto en lanzar un producto) y tomar decisiones. Reaccionar a los riesgos consume recursos y para responder con inteligencia, debe decidir a qué amenazas responder primero y las acciones que seguirá.

Existen **cuatro reacciones básicas al riesgo**. La primera opción es evitarlo con una acción que elimine la exposición al riesgo. La segunda opción es transferir el impacto del riesgo. Es como una póliza de seguros: no evita el riesgo pero le protege de las peores consecuencias. La tercera opción es asumir el riesgo, es decir, actuar consciente de que acepta las consecuencias de los peores escenarios posibles. La cuarta opción es evitar o reducir el riesgo con una acción que elimine la causa principal del riesgo o, al menos, reduzca su impacto.

En todas las ocasiones, la prevención es la estrategia más económica y fiable para asumir el riesgo, sobre todo en situaciones en las que el impacto es muy elevado. Siempre que sea posible, busque todas las opciones en las que se evita el riesgo.

Asumir el riesgo es principalmente una cuestión de planificación:

→ **Identifique los riesgos principales:** ¿qué parte del proyecto es más impredecible para usted (y para su empresa)? Analice todos los aspectos: el alcance del proyecto, el calendario, los costes, la tecnología, los recursos y los factores del mercado.

→ **Cuantifique y analice los riesgos:** aunque sea difícil, intente cuantificar los riesgos (pérdidas de ventas si se pierde una oportunidad de mercado o menos ventas si no se cumplen los objetivos de coste). Determine la probabilidad y el impacto de cada riesgo, la probabilidad de que se convierta en realidad y el efecto que supondría para el proyecto.

→ **Defina un plan de contingencia:** detalle las acciones que debe llevar a cabo si se produce un problema. Determine los mejores enfoques para responder a los riesgos más probables y a los riesgos que afectarían gravemente al proyecto (y a los clientes).

 Todos los proyectos se enfrentan a múltiples riesgos. Hemos reducido a cuatro las reacciones posibles al riesgo. Valore ahora cada una ellas y establezca en qué casos son más aconsejables cada una de ellas.

1.

EVITAR LA EXPOSICIÓN AL RIESGO.

_____

_____

_____

_____

_____

_____

_____

_____

2.

TRANSFERIR EL IMPACTO DEL RIESGO.

_____

_____

_____

_____

_____

_____

_____

_____

3.

ASUMIR EL RIESGO.

_____

_____

_____

_____

_____

_____

_____

_____

4.

EVITAR O REDUCIR EL RIESGO.

_____

_____

_____

_____

_____

_____

_____

_____

15

——

Dirigir activamente los canales de comunicación

«Según las estimaciones, dedicamos más del 80% del tiempo a comunicarnos de algún modo. ¡Comuníquese bien!»

La comunicación parece una responsabilidad fácil, pues hablamos con los compañeros de trabajo cuando llegamos al trabajo por la mañana, enviamos correos electrónicos todo el día y hablamos constantemente por teléfono con clientes y proveedores. Sin embargo, lograr una buena comunicación en la empresa es más difícil de lo que parece. Además de transmitir mensajes claros, debe comunicarlos de *manera* adecuada, pues su modo de comunicarse influye en las personas que le rodean.

Los canales de comunicación son infinitos. En primer lugar, decida si el mensaje que quiere transmitir es más adecuado que llegue por escrito (circulares, correos electrónicos, informes o actualizaciones) o por vía oral (en persona o por teléfono). ¿Es mejor hablar de manera individualizada con cada persona o hacerlo en grupo? ¿Necesita prepararlo o es mejor ser espontáneo?

Los directores de proyecto despreocupados dedican poco tiempo a pensar en estas cuestiones, y también dedican tiempo en las reuniones a transmitir anuncios e informaciones que no afectan a todos los participantes. Las reuniones son un tiempo valioso, no debe perderlo en comunicaciones que puede resolver de otro modo.

Para ser un director de proyectos efectivo, planifique la comunicación como una responsabilidad más con la que mejorar a su equipo:

→ **Piense en el objetivo:** ¿Quiere implicarles en la decisión o sencillamente transmitirles la información? ¿La información es para una única persona o para varias personas? ¿Qué harán con esta información? ¿Cuál es su objetivo a largo plazo? Antes de tomar o comunicar una decisión importante, ponga cuidado en reunir a todas las personas implicadas. No deje a nadie fuera.

→ **Sea eficiente:** para evitar llamadas, correos electrónicos y presentaciones que hagan perder el tiempo, estructure la comunicación para ir directamente al grano, siga las recomendaciones de comunicación escrita y oral para que el equipo no se distraiga con los detalles.

→ **Confirme el mensaje:** aunque se esfuerce en ser un comunicador efectivo, no puede controlar lo que la otra persona interpreta en realidad. Es un buen hábito conseguir que la otra persona repita su mensaje. De este modo se asegurará de que lo comprende y podrá aclarar cualquier confusión.

16

Optimizar la excelencia del proyecto

«Como director de proyectos, una de sus tareas es que el equipo piense como una única cabeza con un único objetivo: el del proyecto.»

L a mayoría de las empresas están organizadas en varios departamentos distribuidos por funciones. Esta organización favorece la *mentalidad de compartimentos estancos:* las personas piensan en las necesidades, los intereses y los objetivos de sus departamentos antes que en los generales. Es una actitud que dificulta el espíritu de equipo, porque lo más adecuado para un departamento puede no ser lo más adecuado para el proyecto, la empresa o los clientes.

El director de proyecto debe reorientar a los miembros de su equipo, cambiar su orientación *funcional* por una orientación de *proyecto*. Para ello deberá enfrentarse a múltiples obstáculos, pues cada miembro está acostumbrado a trabajar dentro de un departamento con su visión particular. Por ejemplo, una persona de marketing analiza el mundo en segmentos de clientes y tendencias de mercado, y un ingeniero analiza las características prácticas y funcionales de lo que le rodea. Como director de equipo, debe reconocer estas individualidades y orientarlas hacia una actitud centrada en el equipo.

Además, los proyectos son temporales por definición. ¿Qué harán los miembros del equipo cuando finalice el proyecto? Volverán a sus responsabilidades funcionales. Y tenga presente que usted no es quien firma sus nóminas.

Cambiar el pensamiento funcional por el pensamiento de proyecto es más fácil si refuerza constantemente el mensaje de que trabajar para la empresa y los clientes es la mejor orientación a largo plazo.

→ **Especifique los criterios:** si todo el equipo está de acuerdo en una opción o decisión, será más fácil superar sus individualidades. Por ejemplo, si todos están de acuerdo en que el objetivo es "mejorar la

—

satisfacción de los clientes", nadie objetará decisiones que respondan a este criterio principal aunque no sean ideales desde su punto de vista particular.

→ **Base las decisiones en datos:** busque siempre datos que justifiquen las decisiones importantes. Con datos y criterios comunes, es muy difícil argumentar las preferencias personales que no son la mejor solución para el proyecto o la empresa.

→ **Refuerce el proceso:** intente solucionar los problemas del equipo mediante procesos. Detalle las entradas, el lugar, las fases, los resultados y los clientes de cada problema. Aunque no esté directamente relacionado con las acciones o las soluciones del equipo, debe favorecer la creación de procesos para superar la mentalidad funcional.

17

Pensar en el futuro

«Lo que sucede después de un proyecto, suele ser más importante que el proyecto.»

Piense en los proyectos que ha realizado en el pasado: ¿Qué sucedió seis meses después? ¿Y un año después? ¿Los resultados todavía eran los mismos? ¿Alguien implementó los resultados y ahora ya se utilizan a diario? ¿O se quedaron en una carpeta y están acumulando polvo?

Si el proyecto quedó en la categoría de "acumular polvo", piense que no es el único, pero puede evitar que vuelva a suceder si en el futuro tiene en cuenta las consecuencias de la planificación y del proyecto. El término exacto es *perspectiva de ciclo completa.* Por ejemplo, cuando piense en las soluciones, identifique a la *persona* que implementará la solución, en las *condiciones*, la *formación* y la *experiencia* que necesita. Considere también los costes colaterales de la solución a largo plazo: la facilidad y el coste de mantenimiento o la actualización de las instrucciones.

Cuando tome decisiones a lo largo del proyecto, tenga siempre presente cómo, por qué, cuándo y dónde se llevarán a cabo:

→ **Considere la viabilidad:** las soluciones deben ser, en primer lugar, utilizables. Es mucho mejor una solución no del todo perfecta pero que pueda utilizarse fácilmente que una solución perfecta que nadie utilice. Si comprende bien las necesidades del cliente y del usuario, es más probable que proponga ideas que se utilicen después de finalizar el proyecto.

→ **Piense en el responsable a largo plazo:** piense en la persona que se encargará del resultado del proyecto a largo plazo. Suele ser un director o supervisor. Implíquela desde la planificación y reúnase con ella para traspasarle la responsabilidad.

→ **Facilite la "adaptación":** es difícil cambiar los hábitos de trabajo. El resultado de su proyecto comportará de manera inevitable un nuevo método, un nuevo servicio o seguir unas prácticas diferentes. Asegúrese de que todas las instrucciones, la documentación, el software o el material de formación, están disponibles y actualizados. Utilice estrategias para identificar errores e impedir que continúen los hábitos anteriores

18

Dirigir a las personas

«Para fomentar el equipo
de trabajo y las sinergias,
deberá dedicar energía a
'diseñar y estructurar'
la interacción entre los
miembros del equipo.»

----

os directores de proyectos sin experiencia suelen cometer el error de considerar que su tarea principal es dirigir las acciones de los miembros del equipo. En el mejor de los casos, sencillamente deben estar *informados* de las acciones de su equipo. Pero es probable que quieran *aprobar o supervisar* todas las acciones del equipo. Segura que esta actitud no será bien recibida por los miembros del equipo con más experiencia, pues parece que les resta confianza en sus propias capacidades y en su criterio.

Al intentar dirigirlo todo, entorpecerá un aspecto clave del liderazgo: usted es la única persona de la empresa que puede crear un entorno de trabajo agradable entre los miembros del proyecto, lo que se denomina *cohesión de equipo*. Si usted no les proporciona una mínima orientación o dirección, es poco probable que los miembros interactúen. Es responsabilidad del director crear procedimientos, actitudes y principios que ayuden a los miembros del equipo a dirigir sus responsabilidades con eficacia en beneficio del equipo.

Para enseñar cohesionar a su equipo:

→ **Priorice las reuniones:** la mayoría del trabajo del equipo se produce en las reuniones porque es el lugar donde se comparten los progresos individuales, se examinan y comentan los datos y se toman las decisiones. Reunir a todos los miembros es la manera más eficaz de comunicar la información del proyecto. Por ello debería ser poco habitual la ausencia de miembros del equipo en las reuniones.

→ **Fomente las interacciones:** facilite las consultas entre miembros del equipo siempre que sean

necesarias, que no sea necesario esperar a la siguiente reunión (podrían faltar días o semanas para la siguiente reunión). Los retrasos son costosos y los miembros del equipo pierden la oportunidad de aprender. Limítese a pedirles que le mantengan informado (como director del proyecto) si toman decisiones o realizan acciones importantes.

→ **Establezca las orientaciones de comunicación del equipo:** decida el mejor método, momento y personas con quien compartir cada información. Determine si es necesario interrumpir a otro miembro del equipo, si tiene que implicarle como director del proyecto, si es necesario informar a todo el equipo, o el formato de las comunicaciones (en persona, por correo electrónico, por teléfono, con informes o noticias en el tablón de anuncios)

19

Dirigirse a uno mismo

«Algunos directores de proyectos cometen el error de creer que por el mero hecho de estar rodeados de gente a todas horas, recibirán comentarios a todas horas. Sencillamente no es cierto.»

E s fácil centrarse solamente en dirigir a los *demás*, asegurarse de que todos los miembros del equipo conocen y comprenden sus responsabilidades, disponen de los recursos necesarios para realizarlas, ya que en un proyecto las tareas son nfinitas. No obstante, los directores de proyecto más efectivos son conscientes de su influencia en los demás –aunque nc tengan autoridad formal– y aprenden de la experiencia para mejorar sus aptitudes de dirección.

En un proyecto intervienen tantas personas que el director no puede quedarse quieto a esperar que todos le vayan informando. Tiene que mejorar usted mismo.

Los miembros del equipo pocas veces opinarán *abiertamente y de forma voluntaria* sobre un director que controla su trabajo (al menos, en cierto grado). Está claro que si no están satisfechos con su trabajo, harán comentarios sobre usted a sus espaldas y dificultarán sus esfuerzos para lograr un equipo efectivo.

Los clientes solo ven el *resultado* del trabajo, no ven el *proceso*. Por ello no puede esperar que le aporten consejos útiles para mejorar su trabajo.

Del mismo modo, sus superiores directos tampoco están implicados er la gestión diaria del equipo. Aunque conozcan algunas partes más del proceso que los clientes y puedan ofrecerle alguna recomendación, suelen ser asesores impredec bles.

Para mejorar sus dotes de liderazgo:

→ **Analícese:** después de una reunión o una charla con un miembro del equipo, reflexione. ¿Ha alcanzado sus objetivos? ¿Se ha comunicado con eficacia? ¿Los miembros del equipo han acabado la reunión con un sentimiento positivo y animados para trabajar en el proyecto? ¿Qué aspecto puede mejorar para que la próxima reunión salga mejor? Analice las características personales que influyen en su comportamiento.

→ **Aprenda a aceptar los comentarios:** si no hace caso de las opiniones de los demás o no deja hablar a quien quiera expresarle cómo le ha afectado su comportamiento, nunca recibirá comentarios sinceros. Necesitará práctica para crear un entorno respetuoso con los comentarios negativos y saber escucharlos de verdad.

→ **Encuentre un mentor:** si tiene la suerte de trabajar con alguien en quien confíe, cuya opinión valore, pueda observarle en el trabajo y comentarle con sinceridad sus acciones, contrate sus servicios.

Una parte fundamental de cualquier proyecto es analizar, analizar y analizar. Y hay un momento más complicado que otros en ese análisis repetido: cuando hay que dirigir la mirada hacia uno mismo. Ser objetivo en este caso es un reto especial. Practique ahora en ese campo. Le proponemos un esquema de test que puede llevar a cabo después de cada reunión o charla con un miembro de su equipo.

→ ¿Ha alcanzado sus objetivos?

_____
_____
_____
_____
_____
_____
_____
_____

→ ¿Se ha comunicado con eficacia?

_____
_____
_____
_____
_____
_____
_____
_____

→ ¿Los miembros del equipo han acabado la reunión con un sentimiento positivo y animados para trabajar en el proyecto?

_____

_____

_____

_____

_____

_____

_____

→ ¿Qué aspecto puede mejorar para que la próxima reunión salga mejor?

_____

_____

_____

_____

_____

_____

_____

→ Analice las características personales que influyen en su comportamiento.

_____

_____

_____

_____

_____

_____

_____

20

Reconocer varios objetivos de éxito

«Las empresas de éxito
aprenden de los fracasos —y de
los éxitos— y utilizan esta
información para mejorar la
tasa de éxito de los proyectos.»

Cada empresa tiene su propia perspectiva de los resultados de un proyecto. Lo que para unos es importante, tal vez para otros quede en segundo o tercer lugar. Es cierto que puede lograr los objetivos básicos, pero es importante que tenga una visión más amplia, con más objetivos, del éxito del proyecto. El resultado influirá en su reputación como director de proyectos en la empresa.

El primer objetivo es *cumplir las expectativas*. Los directores que siempre se desvían de las expectativas, o bien porque no las alcanzan, o bien porque las superan en exceso, generan desconfianza. Si siempre supera los objetivos, eso significa que es una persona demasiado conservadora y que la empresa puede perder oportunidades de lograr mejores resultados. Si nunca alcanza las expectativas significa que o bien quien ha fijado los objetivos no quiere que su empresa finalice con éxito el proyecto o bien que no posee las capacidades necesarias para realizar el proyecto a tiempo y dentro del presupuesto. Ninguna de las dos opciones es recomendable para la empresa.

El segundo objetivo es la *eficiencia del proyecto*. Si el proyecto cumple los objetivos pero causa problemas a los clientes, miembros del equipo o a otras personas, no habrá logrado el éxito del proyecto. Existen varios modos de evaluar la eficiencia. ¿Cómo puede medir el grado de alteración del trabajo diario de su empresa o del cliente? ¿Cómo sería la aplicación eficiente de los recursos? ¿Qué indicadores demostrarían que el equipo ha superado el conflicto y es una unidad?

El tercer objetivo es *la utilidad para el cliente o el usuario*. ¿Ha resuelto el problema original? ¿Ha incrementado de manera significativa las ventas, los ingresos o los beneficios? ¿Ha estimado el ahorro de costes? ¿El cliente (interno o externo) utiliza realmente el resultado?

El cuarto objetivo es el *rendimiento de la empresa*. ¿Qué ha aprendido con este proyecto? ¿Puede aplicar estas experiencias en otros departamentos de la empresa?

Para mejorar las posibilidades de éxito con estos cuatro objetivos:

→ **Detalle todas las expectativas:** hable con su superior, otros directores de proyectos u otras personas que puedan ayudarle a detallar todas las expectativas inherentes al proyecto que no sean obvias (por ejemplo, la participación, la comunicación o los límites no oficiales).

→ **Comprenda la necesidad real:** profundice en los objetivos definidos para descubrir la necesidad oculta en el proyecto. ¿Cuál es el problema que intenta resolver? No solo la solución que cree que lo resolverá. ¿Cuál es la oportunidad?

→ **Documente los objetivos y los logros:** usted y su equipo son las personas mejor posicionadas en la empresa para explicar el proceso y los resultados del proyecto. Conviértase en su propio departamento de publicidad y documente el éxito del proyecto basándose en estos cuatro objetivos.

21

Aprovechar la documentación

«La documentación adecuada
es una función de soporte
básica para la dirección de
proyectos. Cada proyecto es
único. No se le puede exigir la
misma documentación
a todos los proyectos.»

Quedarse atrapado bajo montones de papeles es lo último que necesita un director de proyectos: pero si un proyecto no está bien documentado, el trabajo no habrá servido para nada.

Las necesidades de documentación varían en cada fase del proyecto. Al principio, en la exploración, necesita documentos que establezcan la finalidad, los límites y los requisitos del proyecto. A medida que detalla los resultados deseados, necesita planificar el proyecto. ¿Cómo quiere llevar a cabo del proyecto? ¿Qué tipos de recursos necesita (recursos humanos, económicos o materiales) para completar el trabajo?

Cuando el proyecto ya está en marcha, la documentación tiene dos finalidades. La primera es comparar el progreso con la planificación para poder informar periódicamente a sus superiores, y la segunda es dejar constancia de las decisiones sobre el contenido del proyecto. ¿Qué información tiene sobre el problema o la oportunidad? ¿Qué decisiones ha tomado? ¿Cómo las ha tomado? ¿Qué soluciones ha decidido? ¿Qué le indica que funcionarán?

Estas dos finalidades siguen vigentes cuando el proyecto ha concluido. En primer lugar, debe documentar el *proceso* del proyecto completo y las experiencias que ha aprendido, tanto para su mejora personal como para compartirlas con otras personas. En segundo lugar, tiene que proporcionar la documentación necesaria para realizar los cambios que origine el proyecto.

El director de proyecto es más que el líder de un equipo. También es el responsable de una parte de las operaciones de su empresa. Por ello, la documentación debe reflejar las dos realidades:

→ **Piense como un director funcional:** piense en toda la documentación que suele necesitar su superior: registros de empleados, contraltos, órdenes de compra, presupuestos o costes reales. Usted necesitará la misma documentación para el proyecto.

→ **Distinga entre las necesidades a corto y a largo plazo:** hay documentos que solo se utilizan durante el proyecto, como las notas de las reuniones, los gráficos con datos preliminares. En cambio, otros documentos perduran en la empresa como los mapas de proyecto, las instrucciones para utilizar los nuevos procedimientos, o los nuevos códigos de compra. Puede guardar los documentos temporales como prefiera, pero para la documentación definitiva, piense en las necesidades del *usuario*.

→ **Siga las normas de la empresa:** muchas empresas ya disponen de documentación sobre proyectos anteriores que puede utilizar como modelo. No tiene que empezar de cero

22

Recompensar los comportamientos de equipo excelentes

«Recompensar es una de las
tareas más difíciles
del director de proyectos.
Tenga presente que los
proyectos saldrán mucho
mejor si los miembros del
equipo trabajan juntos para
avanzar como una unidad.»

Puede que recompensar los buenos resultados de los miembros del equipo sea el aspecto de la dirección de proyectos que más controversia genere. Para los directores de proyecto es más sencillo porque no suelen tener poder de compensación ni, en el otro extremo, poder de penalización suficiente para que surta efecto a largo plazo.

Para ser un buen director de proyectos, es fundamental evitar los siguientes peligros. Evite *no reconocer* el trabajo de su equipo: imagine cómo se sentiría si, después de dedicar mucha energía a un proyecto, no obtuviera ningún agradecimiento ni recompensa. Tampoco debe celebrar todos los pequeños pasos del equipo, pues la recompensa perdería su valor (por ejemplo, no dé puntos positivos por asistir a una reunión).

Es importante no reconocer siempre los logros a las mismas personas, pues el resto del equipo podría sentirse fracasado. También es cierto que si nunca reconoce el trabajo a las personas que se esfuerzan, estas dejarán de esforzarse por el proyecto.

Parece imposible encontrar el equilibro.

Para solucionar estos problemas, el criterio más importante que un director puede aplicar, es decidir si la posible recompensa *animará* o *desalentará* el trabajo del equipo. Si lo analiza desde esta perspectiva, mejorará el rendimiento del equipo.

→ **Desaliente las individualidades:** si la empresa entra en la dinámica de recompensar a personas que sean capaces de lograr grandes resultados individuales, tendrá varias personas muy buenas que no sabrán trabajar juntas. Y eso es justo lo contrario de lo que necesita si su objetivo es crear un equipo eficiente.

→ **Recompense al equipo en conjunto:** si piensa en diferentes opciones para recompensar a todo el equipo, aunque los miembros que hayan participado puedan ofenderse, el beneficio del grupo es superior. No es necesario buscar ideas originales. Una comida conjunta, camisetas con el logo del equipo o notas de agradecimiento de los clientes bastará para crear una actitud positiva en el equipo.

→ **Implique al equipo:** las recompensas no tienen por qué proceder siempre del líder del proyecto. El resto de miembros del equipo también puede proponer ideas para recompensar las contribuciones individuales o colectivas de sus compañeros o de otras personas que ayuden al equipo.

23

Aprender al máximo de la experiencia

«El director del proyecto debe prestar más atención a la fase de cierre del proyecto que a otras fases, o, al menos, la misma atención. Cerrar un proyecto con éxito requiere un seguimiento adecuado.»

Cuando el proyecto finaliza, tras meses de duro trabajo, todos los miembros del equipo y usted están agotados pero se resisten a disolverlo (si el proyecto ha sido una experiencia positiva). Los miembros del equipo se sienten irritables por la parte que perciben como administrativa, que es necesaria para completar la documentación, u obtener los vistos buenos. El equipo se empieza desintegrar en pequeñas unidades funcionales y es posible que las personas que han completado sus tareas dejen de asistir a las reuniones. La comunicación empieza a complicarse.

Además de estos problemas de equipo, es el momento en que usted debe resolver unos cabos sueltos en persona, como comprobar que los informes finales contienen la información definitiva, enviar las facturas finales (y asegurarse de que se pagan) y cerrar los códigos de contabilidad (si los hubiera).

Aunque esté agotado, no puede permitir que el proyecto se desvanezca sin más, pues pondría en peligro los resultados del proyecto y los participantes se quedarían con una sensación extraña.

Para cerrar con éxito un proyecto, siga estas recomendaciones:

→ **Complete el trabajo del proyecto:** su responsabilidad es garantizar que el resultado del proyecto (el nuevo producto, servicio, proceso o política) se utiliza como estaba previsto y cumple los objetivos. El resultado permanecerá después de cerrar el proyecto, por lo que tiene que asignar a alguien (usted u otra persona del departamento correspondiente), la responsabilidad de resolver las cuestiones pendientes o los problemas que surjan.

→ **Facilite las transiciones**: este es el momento en que su visibilidad debe ser mayor, como en el principio del proyecto. Debe estar perfectamente organizado, no dejar de actualizar las listas de tareas pendientes y recordar a los miembros su responsabilidad para cerrar los temas pendientes. Comunique a todos los miembros el sentido de cierre. Deben conocer el resultado final, no quedar desinformados.

→ **Coordine las relaciones con el cliente**: el proyecto tiene unos clientes, que son las personas que utilizarán o se beneficiarán del proyecto. Comunicarles los resultados del proyecto es un buen modo, no solo de mantener una buena relación con ellos, sino también de demostrar los logros del equipo

24

Transmitir su experiencia

«Si no estructura la información para que los demás puedan aplicar lo que usted ha aprendido, su empresa no se beneficiará de la experiencia.»

Las empresas de éxito aprovechan todas las experiencias para mejorar su funcionamiento. Una de las mejores maneras de aprovechar el conocimiento que le ha proporcionado dirigir un proyecto y mejorar la dirección de proyectos en su empresa es transmitir su experiencia. Realizar una revisión sistemática de las experiencias del proyecto le ayudará a comprender la naturaleza de las consecuencias positivas y negativas de cada acción, tanto a usted como a otros directores de proyecto de la empresa.

Antes de transmitir su experiencia, revise con su equipo toda la documentación sobre los problemas relacionados con la dirección de proyectos a lo largo del proyecto. Si no ha documentado los problemas, busque en los órdenes del día y en las actas para encontrar los comentarios.

A continuación, amplíe su conocimiento con una revisión completa de todas las partes implicadas (incluidos los miembros del equipo, las personas que han contribuido de algún modo, los clientes, la dirección y el personal de los departamentos afectados). Una propuesta para esta revisión es una sesión de lluvia de ideas en una reunión de equipo: reúna a todas las partes implicadas, expóngales el objetivo claro y deje que propongan ideas. Luego podrá clasificarlas y organizar los resultados.

El resultado más interesante de la transmisión de experiencias es la información que puede compartir sobre los problemas y las posibles soluciones para evitarlos en el futuro. Deje espacio a las novedades, ya que nadie dirigirá un proyecto exactamente como el suyo, pero seguro que en otros proyectos surgirán cuestiones similares o con estructuras muy parecidas.

Por último, no se limite a generar dos listas, una con los problemas y otra con los aciertos. Esta información no ayuda a otras personas a aplicar su experiencia. Siga estas orientaciones:

→ **Documente los problemas y su impacto:** ¿Qué problemas recuerdan las personas implicadas? ¿Cómo les afectaron?

→ **Investigue las causas principales:** ¿Por qué sucedió un problema en concreto? ¿Cómo puede comprobar que sea la causa principal? ¿Por qué no se pudo prever el problema? (Identifique los problemas en la planificación, el seguimiento y el control.)

→ **Sugiera mejoras:** ¿Cómo pueden evitar este problema otros equipos en el futuro? Si no puede eliminarlo, ¿podría detectarse antes? ¿Qué acciones ayudarían a reducir su impacto? ¿Dispone de una base central de datos para dejar constancia de sus ideas? Si no existe, ¿puede crear una base de datos con las soluciones?

«Uno de los principales cambios de comportamiento (y pensamiento) que experimentará es que necesita confiar en los demás para trabajar. [...] No tardará en ver que no puede hacerlo solo, aunque delegar sea difícil. Aumentar la responsabilidad de los demás y confiar en ellos puede ser inquietante.»

ANOTE AQUELLAS IDEAS QUE LE HAN PARECIDO MÁS EFICACES*

* No olvide señalar la página del libro donde de encuentra. ¡Esta simple acción le hará ganar tiempo!

ANOTE AQUELLAS IDEAS QUE LE HAN PARECIDO MÁS EFICACES*

* No olvide señalar la página del l bro donde de encuentra. ¡Esta simple acción le hará ganar tiempo!

ANOTE AQUELLAS IDEAS QUE LE HAN PARECIDO MÁS EFICACES*

* No olvide señalar la página del libro donde de encuentra. ¡Esta simple acción le hará ganar tiempo!

ANOTE AQUELLAS IDEAS QUE LE HAN PARECIDO MÁS EFICACES*

* No olvide señalar la página del l bro donde de encuentra. ¡Esta simple acción le hará ganar tiempo!

Sobre el autor

Ingeniero por la Universidad de New York y MBA por el Institute of Technology de Rochester, **Gary R. Heerkens** es presidente de Management Solutions Group, Inc., empresa que proporciona soluciones educativas de dirección de proyectos y formación de directivo a las empresas que lo precisen.